AF175149

Anna Lana

Swinger
WORTSUCHRÄTSEL
BUCH
für Erotik Fans

Einleitung

Auf den folgenden Seiten finden sich thematisch sortierte Wortsuchrätsel.

Um ein Wortsuchrätsel zu lösen, müssen alle jeweils aufgelisteten Worte in der darüber befindlichen Buchstabenmatrix gefunden werden. Ist ein Wort gefunden, sollte es mit einem Stift umkreist und das gefundene Wort aus der Liste gestrichen werden. Sind alle Worte aus der Liste gefunden, ist das Rätsel gelöst. Bei Schwierigkeiten ein Rätsel zu lösen, kann die Lösung jeweils auf der Rückseite nachgeschaut werden. Die zu findenden Worte sind jeweils als ganzes (d.h. immer nur in einer Richtung und ungebrochen) in der Matrix nach folgenden Regeln versteckt:

- Suchworte können sich überlagern, d.h. ein Buchstabenkästchen kann von mehreren Suchworten genutzt sein.

- Worte können vorwärts, rückwärts, horizontal, vertikal oder diagonal in der Matrix versteckt sein.

- Suchworte stehen für sich alleine und sind untereinander aufgelistet.

Bibliografische Information der Deutschen Nationalbibliothek: Die Deutsche Nationalbibliothek verzeichnet diese Publikation in der Deutschen Nationalbibliografie; detaillierte bibliografische Daten sind im Internet über http://dnb.dnb.de abrufbar.

© 2021 Anna Lana; 1. Auflage
Covergrafik, Texte & Illustrationen © 2021 Anna Lana
Herstellung und Verlag: BoD – Books on Demand, Norderstedt
ISBN: 9783754325155

```
W G T T F C Z Q M A R Z U V E Q Q M U J
J G T D Z U E R K S A E R D N A N I D E
X I H Y K S W P D J K O P F R U F N M C
Z M Z C B G K C Z W B N A D W B I O G Q
S T Q L H K Q A M P E L Z I M M E R Y M
S E S W I N G E R F B I N A V I I V K D
O P A P N H Q C L V B H E S E K N J O G
J U Z S A H U W T U Z L K T R C M H V F
O N L M K K P T V Y D N R N W Y Q V G D
N Q D L U V G G X N I X P T Y I B O G Z
L Z Z X M M Z H G H G O X N I P A L W X
X U S Y S F H Z E M W Q O D C K T Q T V
D E C J P R Q Z Q C W H D Z S F T C P B
X L G X E A M S X U H V F L G X N M A T
K U J H J A I X D N J I F N Y T H M H M
V H G E F Y U Y W Q Y K D Q Q Q G B D J
X A Z G Q J G S X T S N Z Z E V Y V E M
S Z G A M U Y C V N T X S W M X I G A N
Z N Y H P G U M T M C E N Q C X I K K C
K S O A E D L O K C U C Y W J P B A F F
```

AMPELZIMMER
SWINGER
ANDREASKREUZ
CFNM
CMNF
CUCKOLD

Lösung

```
W  G  T  T  F  C  Z  Q  M  A  R  Z  U  V  E  Q  Q  M  U  J
J  G  T  D  Z  U  E  R  K  S  A  E  R  D  N  A  N  I  D  E
X  I  H  Y  K  S  W  P  D  J  K  O  P  F  R  U  F  N  M  C
Z  M  Z  C  B  G  K  C  Z  W  B  N  A  D  W  B  I  O  G  Q
S  T  Q  L  H  K  Q  A  M  P  E  L  Z  I  M  M  E  R  Y  M
S  E  S  W  I  N  G  E  R  F  B  I  N  A  V  I  I  V  K  D
O  P  A  P  N  H  Q  C  L  V  B  H  E  S  E  K  N  J  O  G
J  U  Z  S  A  H  U  W  T  U  Z  L  K  T  R  C  M  H  V  F
O  N  L  M  K  K  P  T  V  Y  D  N  R  N  W  Y  Q  V  G  D
N  Q  D  L  U  V  G  G  X  N  I  X  P  T  Y  I  B  O  G  Z
L  Z  Z  X  M  M  Z  H  G  H  G  O  X  N  I  P  A  L  W  X
X  U  S  Y  S  F  H  Z  E  M  W  Q  O  D  C  K  T  Q  T  V
D  E  C  J  P  R  Q  Z  Q  C  W  H  D  Z  S  F  T  C  P  B
X  L  G  X  E  A  M  S  X  U  H  V  F  L  G  X  N  M  A  T
K  U  J  H  J  A  I  X  D  N  J  I  F  N  Y  T  H  M  H  M
V  H  G  E  F  Y  U  Y  W  Q  Y  K  D  Q  Q  Q  G  B  D  J
X  A  Z  G  Q  J  G  S  X  T  S  N  Z  Z  E  V  Y  V  E  M
S  Z  G  A  M  U  Y  C  V  N  T  X  S  W  M  X  I  G  A  N
Z  N  Y  H  P  G  U  M  T  M  C  E  N  Q  C  X  I  K  K  K
K  S  O  A  E  D  L  O  K  C  U  C  Y  W  J  P  B  A  F  F
```

```
C K S M O E R V B A A K P L W B D D X L
J E T W G Y A K X N A F C Q R L V R U Q
Q D L M S L V S X I K E M Q D P L S J Y
Y S F F J D Z T M I I Q J U T J D T P W
Y X Y T Q P I N I X B M L V R Z B J U O
A J I R G O S V E D C A Y Y P P H N D E
G A N G B A N G M G E A N P A E G M L I
E H Y O N F U E Z Y Q B K E I T K R D C
P J Z D P F L H J Z D K R Y A F N J S J
C D C E T V D V W L A C S Z A R W D W Z
U H H V G Q U S X A H O V P A I B X I Y
Z P E Z C X U Z J E Y J V D K D E Q N X
L F X N U S F D N I R I G F D V I Y G G
W D P S S U H C S R E B E U N E R R E H
J K U Z C O L H H F L O W F B R Z O R Q
Y W J H I U Z I E Q B S W J U G Z D C R
Z B C L B O N I K K I T O R E J S X L I
M T W W G O F T M S M O O R K R A D U N
B R F U D F F C T L P C G X U S X S B V
D C K C M F K W X T N R A N P G K Y I F
```

DARKROOM
EROTIKKINO
SWINGERCLUB
PAERCHENCLUB
HERRENUEBERSCHUSS
GANGBANG

Lösung

W	G	K	D	R	J	Q	I	M	B	R	T	E	I	F	P	K	F	M	Q
W	D	X	O	T	H	I	D	K	M	X	D	T	K	S	H	O	R	K	Q
Q	G	L	V	R	U	Z	X	R	E	E	N	T	U	K	E	L	A	A	Y
Q	G	M	V	L	O	D	G	T	H	B	A	E	N	N	R	G	N	N	P
H	H	U	S	O	E	R	A	V	U	R	W	U	D	C	S	F	Z	H	I
C	U	C	L	E	X	P	J	U	I	E	E	H	B	U	O	W	O	J	G
M	I	Q	M	M	J	P	C	Q	O	M	H	E	W	Z	X	N	E	B	A
I	F	K	T	T	S	W	F	M	G	M	C	D	R	Z	X	O	S	H	S
C	B	V	H	X	Q	E	F	L	Y	I	S	N	M	W	L	K	I	B	Q
S	S	K	O	A	T	A	O	I	R	Z	I	U	V	K	H	S	S	N	L
H	T	A	L	F	K	R	M	O	Z	N	H	H	D	I	U	A	C	Y	W
H	O	B	X	G	Y	V	P	C	Q	E	C	F	E	Y	T	J	H	W	J
E	P	K	X	H	G	Z	S	C	S	H	E	V	A	P	S	R	E	O	P
Q	D	T	O	K	M	L	P	N	F	C	H	B	P	O	N	Y	W	C	W
O	O	L	U	Z	P	I	N	Y	D	R	C	G	V	V	Y	Z	A	U	E
J	E	Y	M	O	H	H	J	G	G	E	S	S	W	Y	G	T	N	R	B
R	J	Z	T	D	D	M	Z	U	P	A	T	H	Q	U	M	J	D	W	C
R	V	V	E	J	F	F	L	G	P	P	K	D	W	L	I	M	P	V	K
Q	L	B	X	P	C	G	J	S	A	W	D	Y	A	Z	P	B	Y	O	W
K	P	O	L	J	Z	H	E	Y	I	L	I	Q	K	K	N	Q	N	Q	B

GLORYHOLE
GYNSTUHL
TSCHECHISCHEWAND
FRANZOESISCHEWAND
HUNDEHUETTE
PAERCHENZIMMER

Lösung

```
W  G  K  D  R  J  Q  I  M  B  R  T  E  I  F  P  K  F  M  Q
W  D  X  O  T  H  I  D  K  M  X  D  T  K  S  H  O  R  K  Q
Q  G  L  V  R  U  Z  X  R  E  E  N  T  U  K  E  L  A  A  Y
Q  G  M  V  L  O  D  G  T  H  B  A  E  N  N  R  G  N  N  P
H  H  U  S  O  E  R  A  V  U  R  W  U  D  C  S  F  Z  H  I
C  U  C  L  E  X  P  J  U  I  E  E  H  B  U  O  W  O  J  G
M  I  Q  M  M  J  P  C  Q  O  M  H  E  W  Z  X  N  E  B  A
I  F  K  T  T  S  W  F  M  G  M  C  D  R  Z  X  O  S  H  S
C  B  V  H  X  Q  E  F  L  Y  I  S  N  M  W  L  K  I  B  Q
S  S  K  O  A  T  A  O  I  R  Z  I  U  V  K  H  S  S  N  L
H  T  A  L  F  K  R  M  O  Z  N  H  H  D  I  U  A  C  Y  W
H  O  B  X  G  Y  V  P  C  Q  E  C  F  E  Y  T  J  H  W  J
E  P  K  X  H  G  Z  S  C  S  H  E  V  A  P  S  R  E  O  P
Q  D  T  O  K  M  L  P  N  F  C  H  B  P  O  N  Y  W  C  W
O  O  L  U  Z  P  I  N  Y  D  R  C  G  V  V  Y  Z  A  U  E
J  E  Y  M  O  H  H  J  G  G  E  S  S  W  Y  G  T  N  R  B
R  J  Z  T  D  D  M  Z  U  P  A  T  H  Q  U  M  J  D  W  C
R  V  V  E  J  F  F  L  G  P  P  K  D  W  L  I  M  P  V  K
Q  L  B  X  P  C  G  J  S  A  W  D  Y  A  Z  P  B  Y  O  W
K  P  O  L  J  Z  H  E  Y  I  L  I  Q  K  K  N  Q  N  Q  B
```

```
A  Q  R  Q  R  Q  P  S  X  G  R  N  U  L  F  K  D  K  W  X
W  O  Z  G  V  T  G  T  R  R  F  K  W  K  O  H  H  D  P  L
W  A  B  B  U  C  N  S  V  G  O  U  K  R  P  H  U  P  G  G
X  Q  N  H  L  T  Q  R  I  N  W  L  S  O  M  R  X  H  K  H
Q  B  P  S  U  Z  W  Q  D  G  L  G  Y  P  V  Q  P  C  U  E
Y  M  V  H  B  L  R  O  U  A  D  H  S  E  P  V  O  I  O  G
R  E  V  G  D  E  M  X  Y  U  K  Y  G  C  C  B  R  E  X  T
B  Z  Q  N  J  R  D  S  B  N  E  F  C  F  O  B  N  R  M  R
R  E  S  W  V  N  H  C  B  A  G  X  J  Y  L  Q  O  E  K  K
K  J  T  A  M  O  K  L  K  B  U  J  S  F  J  O  K  B  U  U
G  C  K  Z  O  J  Z  G  Y  T  Y  J  S  G  G  D  I  E  Y  R
X  V  P  L  X  W  Z  O  U  G  T  U  R  U  P  N  N  R  N  Q
X  C  Z  S  U  S  O  H  B  W  P  O  Y  W  K  I  O  A  C  E
H  P  O  P  P  S  A  U  N  A  N  S  R  N  N  T  R  A  P  W
U  H  L  Q  W  Z  N  W  X  M  A  F  S  R  K  X  Y  P  L  L
O  H  D  B  L  H  A  B  H  G  V  R  O  K  D  J  W  E  X  I
J  F  U  D  Q  M  B  H  Y  Z  B  W  M  B  H  H  S  M  M  S
Z  K  J  D  J  Z  A  D  B  U  V  O  Y  E  U  R  R  A  U  L
P  C  V  A  X  E  S  E  I  W  L  E  I  P  S  C  F  O  R  K
D  J  N  Q  G  G  F  M  P  Q  A  W  N  B  V  A  F  Q  F  H
```

PAAREBEREICH

POPPSAUNA

PORNOKINO

SPIELWIESE

KONDOM

VOYEUR

Lösung

```
A  Q  R  Q  R  Q  P  S  X  G  R  N  U  L  F  K  D  K  W  X
W  O  Z  G  V  T  G  T  R  R  F  K  W  K  O  H  H  D  P  L
W  A  B  B  U  C  N  S  V  G  O  U  K  R  P  H  U  P  G  G
X  Q  N  H  L  T  Q  R  I  N  W  L  S  O  M  R  X  H  K  H
Q  B  P  S  U  Z  W  Q  D  G  L  G  Y  P  V  Q  P  C  U  E
Y  M  V  H  B  L  R  O  U  A  D  H  S  E  P  V  O  I  O  G
R  E  V  G  D  E  M  X  Y  U  K  Y  G  C  C  B  R  E  X  T
B  Z  Q  N  J  R  D  S  B  N  E  F  C  F  O  B  N  R  M  R
R  E  S  W  V  N  H  C  B  A  G  X  J  Y  L  Q  O  E  K  K
K  J  T  A  M  O  K  L  K  B  U  J  S  F  J  O  K  B  U  U
G  C  K  Z  O  J  Z  G  Y  T  Y  J  S  G  G  D  I  E  Y  R
X  V  P  L  X  W  Z  O  U  G  T  U  R  U  P  N  N  R  N  Q
X  C  Z  S  U  S  O  H  B  W  P  O  Y  W  K  I  O  A  C  E
H  P  O  P  P  S  A  U  N  A  N  S  R  N  N  T  R  A  P  W
U  H  L  Q  W  Z  N  W  X  M  A  F  S  R  K  X  Y  P  L  L
O  H  D  B  L  H  A  B  H  G  V  R  O  K  D  J  W  E  X  I
J  F  U  D  Q  M  B  H  Y  Z  B  W  M  B  H  H  S  M  M  S
Z  K  J  D  J  Z  A  D  B  U  V  O  Y  E  U  R  R  A  U  L
P  C  V  A  X  E  S  E  I  W  L  E  I  P  S  C  F  O  R  K
D  J  N  Q  G  G  F  M  P  Q  A  W  N  B  V  A  F  Q  F  H
```

P	O	P	U	Z	G	Q	A	O	Z	P	Z	G	M	U	S	M	A	F	O
T	S	J	I	Z	U	V	A	X	H	C	X	O	W	Y	W	A	V	G	H
M	V	P	V	C	E	U	J	H	A	N	A	L	V	E	R	K	E	H	R
T	M	G	E	S	C	H	L	E	C	H	T	S	V	E	R	K	E	H	R
E	T	G	T	B	B	H	P	P	J	R	F	Q	I	I	H	X	G	T	W
I	S	W	A	K	I	Z	B	C	H	H	D	N	H	V	Q	T	J	L	M
J	P	W	Z	Y	J	A	K	E	I	E	Z	A	O	W	G	Y	B	D	Q
M	Y	Q	G	B	R	C	K	O	F	S	C	Y	W	G	T	I	U	J	F
X	W	E	X	A	O	R	S	P	U	T	E	Q	G	X	P	K	P	C	V
X	Z	L	Y	D	E	S	I	Z	S	U	Q	O	C	Z	Y	A	R	U	K
Q	A	K	Z	V	J	A	T	L	R	S	F	V	E	R	P	R	D	S	V
E	X	I	L	W	T	Y	B	B	C	R	F	Z	U	T	K	I	Y	C	D
T	C	A	O	K	Z	F	E	Y	P	X	U	O	P	A	H	O	N	R	U
M	R	F	U	E	S	R	Y	C	L	Z	J	J	H	W	S	E	M	D	R
O	K	F	I	W	E	F	T	D	N	I	L	I	M	I	I	H	M	E	M
W	K	K	B	I	H	C	S	U	A	T	R	E	N	T	R	A	P	I	M
Z	R	O	C	V	D	A	P	L	Q	U	Q	H	A	T	D	V	S	I	B
R	K	H	X	V	D	K	U	V	W	Z	Y	O	Y	M	Z	U	H	P	N
E	D	O	V	Q	V	P	S	B	V	C	M	N	F	D	O	D	F	D	I
U	J	O	M	L	A	G	J	E	Z	Y	Y	W	B	T	N	Y	L	W	C

VOYEURBEREICH

ANALVERKEHR

GESCHLECHTSVERKEHR

KFI

ORALVERKEHR

PARTNERTAUSCH

Lösung

P	O	P	U	Z	G	Q	A	O	Z	P	Z	G	M	U	S	M	A	F	O
T	S	J	I	Z	U	V	A	X	H	C	X	O	W	Y	W	A	V	G	H
M	V	P	V	C	E	U	J	H	A	N	A	L	V	E	R	K	E	H	R
T	M	G	E	S	C	H	L	E	C	H	T	S	V	E	R	K	E	H	R
E	T	G	T	B	B	H	P	P	J	R	F	Q	I	I	H	X	G	T	W
I	S	W	A	K	I	Z	B	C	H	H	D	N	H	V	Q	T	J	L	M
J	P	W	Z	Y	J	A	K	E	I	E	Z	A	O	W	G	Y	B	D	Q
M	Y	Q	G	B	R	C	K	O	F	S	C	Y	W	G	T	I	U	J	F
X	W	E	X	A	O	R	S	P	U	T	E	Q	G	X	P	K	P	C	V
X	Z	L	Y	D	E	S	I	Z	S	U	Q	O	C	Z	Y	A	R	U	K
Q	A	K	Z	V	J	A	T	L	R	S	F	V	E	R	P	R	D	S	V
E	X	I	L	W	T	Y	B	B	C	R	F	Z	U	T	K	I	Y	C	D
T	C	A	O	K	Z	F	E	Y	P	X	U	O	P	A	H	O	N	R	U
M	R	F	U	E	S	R	Y	C	L	Z	J	J	H	W	S	E	M	D	R
O	K	F	I	W	E	F	T	D	N	I	L	I	M	I	I	H	M	E	M
W	K	K	B	I	H	C	S	U	A	T	R	E	N	T	R	A	P	I	M
Z	R	O	C	V	D	A	P	L	Q	U	Q	H	A	T	D	V	S	I	B
R	K	H	X	V	D	K	U	V	W	Z	Y	O	Y	M	Z	U	H	P	N
E	D	O	V	Q	V	P	S	B	V	C	M	N	F	D	O	D	F	D	I
U	J	O	M	L	A	G	J	E	Z	Y	Y	W	B	T	N	Y	L	W	C

```
S Z G Y R H D W K W V T J U V Y Q M C N
X P J Y E F F T J U N U K F Z C C H G C
E X S X G O R X V A V L V E S D D N F C
G M C N V G T W N I C E L O W Y M C E K
J M D K I M W I U U G N X N Q C E D U R
B Z P V O Y M J X K L J X R K K G P Z L
G M U C R O Q X W A Z N Q J N Z O I U K
S X P N D X T T E R F L X C E J W R X Y
R Q L Y G B O M C U C K Q U E A N Q D O
X I T G W E X S M B G N U S Y E R T G L
R I Y P F G N T M P F G E A Z J F V I E
V M X U E E P K Z S W T Q N V S F J K C
B Z Q N P R G J U T V G F D K F C Z J W
Q A S U Z N T U E S G E R K O O C D V S
P A Q I Q A Q B Q A S O R I K S N M L W
S U G N I L I N N U C A A A P O K X R Q
T V Q N F T O N T X N I Z V L Y F L H K
L O C T Z H S P S C M X I H U L M E R V
A U A T S N N Z Y Q V O B Z A J F U H E
F N B H X C F T C D E V O T K I G D J K
```

ZUNGENKUSS
BIZARR
CUCKQUEAN
CUNNILINGUS
DEVOT
DOMINANT

Lösung

```
S Z G Y R H D W K W V T J U V Y Q M C N
X P J Y E F F T J U N U K F Z C C H G C
E X S X G O R X V A V L V E S D D N F C
G M C N V G T W N I C E L O W Y M C E K
J M D K I M W I U U G N X N Q C E D U R
B Z P V O Y M J X K L J X R K K G P Z L
G M U C R O Q X W A Z N Q J N Z O I U K
S X P N D X T T E R F L X C E J W R X Y
R Q L Y G B O M C U C K Q U E A N Q D O
X I T G W E X S M B G N U S Y E R T G L
R I Y P F G N T M P F G E A Z J F V I E
V M X U E E P K Z S W T Q N V S F J K C
B Z Q N P R G J U T V G F D K F C Z J W
Q A S U Z N T U E S G E R K O O C D V S
P A Q I Q A Q B Q A S O R I K S N M L W
S U G N I L I N N U C A A A P O K X R Q
T V Q N F T O N T X N I Z V L Y F L H K
L O C T Z H S P S C M X I H U L M E R V
A U A T S N N Z Y Q V O B Z A J F U H E
F N B H X C F T C D E V O T K I G D J K
```

```
H  I  J  D  T  E  F  U  P  D  S  L  H  V  C  U  Q  L  F  Q
T  R  K  D  Y  U  X  Z  O  U  X  E  X  R  X  X  G  Y  W  H
J  S  K  U  H  N  L  E  J  V  G  A  S  T  G  E  B  E  R  G
H  S  O  Y  C  N  K  A  T  S  K  N  C  I  B  Z  G  W  J  U
L  A  K  C  S  T  I  O  L  W  L  I  H  F  G  Z  D  K  B  T
U  I  E  N  I  I  Z  W  P  H  S  L  C  Q  S  G  B  Y  S  H
W  T  A  A  S  S  I  O  B  R  I  N  S  Y  L  B  R  Z  O  K
S  F  O  Q  E  K  U  T  T  S  Z  E  I  X  D  C  E  K  I  G
H  K  C  T  O  Y  T  E  C  S  S  W  L  F  G  A  W  D  F  Q
C  L  C  T  Z  I  L  P  Y  O  E  M  G  L  B  N  E  B  U  A
S  C  E  I  N  U  T  R  M  R  R  U  N  Y  V  M  E  W  S  N
I  G  M  Q  A  U  K  A  W  X  O  A  E  P  L  A  P  F  K  A
H  L  M  K  R  O  T  Y  B  Y  P  N  K  L  A  W  Z  L  A  V
C  T  J  O  F  T  H  F  F  V  J  C  I  L  P  X  L  B  T  H
E  W  S  N  E  O  P  I  T  R  G  E  X  I  M  X  T  S  R  C
I  K  Z  M  D  P  F  Z  D  K  Q  D  P  H  U  U  H  F  D  U
R  A  J  T  E  S  H  O  Y  D  R  U  M  Q  K  P  D  J  M  O
G  D  E  F  R  R  P  Q  N  E  E  A  R  W  F  W  M  R  B  J
Y  E  A  P  P  L  J  Q  T  N  J  U  R  U  J  V  S  G  V  P
D  B  T  J  X  J  S  F  E  S  S  E  L  S  P  I  E  L  E  O
```

ENGLISCH
FESSELSPIELE
FRANZOESISCH
GASTGEBER
GRIECHISCH
MATTE

15

Lösung

```
H I J D T E F U P D S L H V C U Q L F Q
T R K D Y U X Z O U X E X R X X G Y W H
J S K U H N L E J V G A S T G E B E R G
H S O Y C N K A T S K N C I B Z G W J U
L A K C S T I O L W L I H F G Z D K B T
U I E N I I Z W P H S L C Q S G B Y S H
W T A A S S I O B R I N S Y L B R Z O K
S F O Q E K U T T S Z E I X D C E K I G
H K C T O Y T E C S S W L F G A W D F Q
C L C T Z I L P Y O E M G L B N E B U A
S C E I N U T R M R R U N Y V M E W S N
I G M Q A U K A W X O A E P L A P F K A
H L M K R O T Y B Y P N K L A W Z L A V
C T J O F T H F F V J C I L P X L B T H
E W S N E O P I T R G E X I M X T S R C
I K Z M D P F Z D K Q D P H U U H F D U
R A J T E S H O Y D R U M Q K P D J M O
G D E F R R P Q N E E A R W F W M R B J
Y E A P P L J Q T N J U R U J V S G V P
D B T J X J S F E S S E L S P I E L E O
```

```
Z O N W K L K X Y E O Y Y J B F Y I X Y
M R M S G I U I Y D E O E T N W X S R L
W S N X X E V H A D V D Y X M E I G R O
H E R V Y R X I D C L G H K S V J P C T
X I W X W R J F V C V H Z Z L M C A G L
F U V F T S D D L A E E T Q A B E V M J
A X B T F N I T Q M U A R O E M I S C H
G M L E F L S I J C L G D S S H G Z J L
T G Q T L M Z L P P V P Z A S X V M A C
X B H G Z H E O K H P B C G Q H L A F T
U K J W K V N R A J C Z E M G R J Y Q B
C I I Q A A A Y R E E G F O D S G T S N
J I V G N P U V R T L G V E X D U R D C
G H E D N E B A R A A P K C C W O A W O
E Q H Y C J T S N Q V L M M Q A I P F D
G C E R Z V S R J R X G K E J K O O V T
U K E Z N R M S L N R Z Q F H W L T W N
E Q B R V K A J L V O U X H K A H T X A
H W E C F M Q W I G S G A C X P U O T D
G J A Q N C N H C I W D N A S B O M C R
```

MOTTOPARTY
ORGIE
PAARABENDE
PARKPLATZSEX
ROEMISCH
SANDWICH

Lösung

Z	O	N	W	K	L	K	X	Y	E	O	Y	Y	J	B	F	Y	I	X	Y
M	R	M	S	G	I	U	I	Y	D	E	O	E	T	N	W	X	S	R	L
W	S	N	X	X	E	V	H	A	D	V	D	Y	X	M	E	I	G	R	O
H	E	R	V	Y	R	X	I	D	C	L	G	H	K	S	V	J	P	C	T
X	I	W	X	W	R	J	F	V	C	V	H	Z	Z	L	M	C	A	G	L
F	U	V	F	T	S	D	D	L	A	E	E	T	Q	A	B	E	V	M	J
A	X	B	T	F	N	I	T	Q	M	U	A	R	O	E	M	I	S	C	H
G	M	L	E	F	L	S	I	J	C	L	G	D	S	S	H	G	Z	J	L
T	G	Q	T	L	M	Z	L	P	P	V	P	Z	A	S	X	V	M	A	C
X	B	H	G	Z	H	E	O	K	H	P	B	C	G	Q	H	L	A	F	T
U	K	J	W	K	V	N	R	A	J	C	Z	E	M	G	R	J	Y	Q	B
C	I	I	Q	A	A	A	Y	R	E	E	G	F	O	D	S	G	T	S	N
J	I	V	G	N	P	U	V	R	T	L	G	V	E	X	D	U	R	D	C
G	H	E	D	N	E	B	A	R	A	A	P	K	C	C	W	O	A	W	O
E	Q	H	Y	C	J	T	S	N	Q	V	L	M	M	Q	A	I	P	F	D
G	C	E	R	Z	V	S	R	J	R	X	G	K	E	J	K	O	O	V	T
U	K	E	Z	N	R	M	S	L	N	R	Z	Q	F	H	W	L	T	W	N
E	Q	B	R	V	K	A	J	L	V	O	U	X	H	K	A	H	T	X	A
H	W	E	C	F	M	Q	W	I	G	S	G	A	C	X	P	U	O	T	D
G	J	A	Q	N	C	N	H	C	I	W	D	N	A	S	B	O	M	C	R

```
L O K X S J K F Z C E I K J C M A Z Q C
E I U Y T B C O L H C S I D E W H C S C
A G B F E H J I E D F U L E K C O O U H
H Q Z A N E R R E H O L O S V O W E M A
U V D P Z V F I D K F D E Z A Q U E V W
G I P K X E A L E R B Y I T U T H V N F
H J M K C Q H P O G U I V T G C I X W G
F Q S G B K F J U O I J N T E Y S L D E
W O B Q P Q P F A C P X S A F R P S I D
O R C Y O S M S H B I L L Q Q R S V X Q
R S E M H H L T H W A F R U Y L K M T D
M L M M O T O B E T Z R S I Q Z R M F A
B Q C C M K U E U N A G D Q H G Q W U C
Y Q G H C I U Y A V Q V I H C W W U X N
X W M Q S L Z T J Y X U F W Q D X R L F
V Y I F V G H M O X Y X V N G R M D X V
H U N P T G L O S N W F N W Z R K I H O
S I R G F N J H W D F T G K X N Z Y Q O
X S V V V A C T G V B K Z T Y T U D B Y
E C H M P W X Y O W T G U W K W A X Q A
```

SCHWEDISCH
SOLOHERREN
BAR
WHIRLPOOL
BDSMZIMMER
TANZFLAECHE

Lösung

```
L O K X S J K F Z C E I K J C M A Z Q C
E I U Y T B C O L H C S I D E W H C S C
A G B F E H J I E D F U L E K C O O U H
H Q Z A N E R R E H O L O S V O W E M A
U V D P Z V F I D K F D E Z A Q U E V W
G I P K X E A L E R B Y I T U T H V N F
H J M K C Q H P O G U I V T G C I X W G
F Q S G B K F J U O I J N T E Y S L D E
W O B Q P Q P F A C P X S A F R P S I D
O R C Y O S M S H B I L L Q Q R S V X Q
R S E M H H L T H W A F R U Y L K M T D
M L M M O T O B E T Z R S I Q Z R M F A
B Q C C M K U E U N A G D Q H G Q W U C
Y Q G H C I U Y A V Q V I H C W W U X N
X W M Q S L Z T J Y X U F W Q D X R L F
V Y I F V G H M O X Y X V N G R M D X V
H U N P T G L O S N W F N W Z R K I H O
S I R G F N J H W D F T G K X N Z Y Q O
X S V V A C T G V B K Z T Y T U D B Y A
E C H M P W X Y O W T G U W K W A X Q A
```

```
V W J R B X B V X B R P P Z L O O P G G
I A T E L W O K V T R R Q A X W T J N S
J R R A E C E R C Z S T E L P R G B P E
A E Q W K B X M I E N U L V K C H S Q V
W F K Q U Q N Y K R I Y T I C Z R I J R
M L A C A S A M F C F Y G P Q E S T T T
J N E H H A L Q P C H F D A Y W G S V S
O H F C C D H U K N A W X Q R A Z C Z B
F C I U S V L G J M N T K M Y R C U L Z
K Q G T S F X E D Z D S O D J O F K F T
E W U D E F K W A F S X K O S L Y R J O
O Z K N B T X J Z B C E F G Y L Q L K F
K Z K A E P W K K O H W O L S E Z Q K Z
P C G H I M D U M J E H V E N E H O I H
G S F S L C E C S W L A P I B X R S G I
H Q A B R R U F Y P L K L T S G O V C P
L X N C J G X S J Z E E V G K V Z Q M D
U D X U C K T G N U N B M E G G Z I Q H
M J B F E H T Z F T K Q N L G C Z D S O
S P M U K G P B O I J E Z Y Z W L X L K
```

HANDSCHELLEN
LIEBESSCHAUKEL
KAEFIG
ZEWAROLLE
GLEITGEL
HANDTUCH

Lösung

```
E  B  G  M  J  W  H  U  Z  C  A  I  S  X  A  L  D  Q  G  E
I  J  Y  J  N  G  C  A  H  C  Q  T  D  N  Y  A  H  E  R  L
S  N  D  J  K  G  H  L  Y  B  I  S  O  O  N  A  V  K  I  W
N  P  Y  N  N  R  J  H  C  I  A  N  B  Y  M  I  Y  S  X  P
O  S  I  K  Z  R  R  C  I  X  Y  T  J  U  G  R  Q  C  M  H
U  V  K  E  R  J  T  B  S  M  M  A  L  A  I  H  U  E  H  Y
K  I  L  M  G  N  B  G  H  W  Q  R  G  J  E  E  G  I  A  U
I  D  K  S  U  E  L  K  K  D  I  X  Q  V  S  R  H  C  F  D
F  M  V  E  C  L  L  H  I  Y  R  N  M  L  W  A  E  Y  C  Z
K  N  X  L  U  I  Z  E  G  O  U  E  G  Q  N  W  C  Y  E  Y
U  Z  S  B  C  X  T  H  G  S  M  O  S  E  F  J  U  D  P  L
V  O  H  Z  M  W  L  U  H  S  L  D  L  S  R  W  J  K  H  T
Y  Q  Y  Q  M  I  P  P  Y  D  V  C  S  S  C  P  A  C  Y  Q
X  L  W  K  J  E  K  G  E  T  J  R  I  E  S  O  A  M  Y  C
M  H  S  B  M  A  I  U  R  F  H  L  R  C  X  C  D  T  Q  Y
J  U  E  P  N  G  U  H  X  U  I  L  O  W  F  M  Q  E  E  G
Z  W  X  Q  Y  Q  K  L  O  B  Z  Q  X  Y  W  A  R  R  T  C
Q  X  H  X  O  G  M  H  J  Q  Y  B  O  S  P  X  K  X  E  X
V  X  W  A  F  H  B  L  C  M  C  T  T  I  Q  G  S  X  L  Z
B  P  Q  O  B  G  X  U  Q  B  F  W  K  L  H  Y  K  E  G  R
```

SEX
SPIEGEL
DRESSCODE
ANONYM
SWINGERPATE
BULL

Lösung

E	B	G	M	J	W	H	U	Z	C	A	I	S	X	A	L	D	Q	G	E
I	J	Y	J	N	G	C	A	H	C	Q	T	D	N	Y	A	H	E	R	L
S	N	D	J	K	G	H	L	Y	B	I	S	O	O	N	A	V	K	I	W
N	P	Y	N	N	R	J	H	C	I	A	N	B	Y	M	I	Y	S	X	P
O	S	I	K	Z	R	R	C	I	X	Y	T	J	U	G	R	Q	C	M	H
U	V	K	E	R	J	T	B	S	M	M	A	L	A	I	H	U	E	H	Y
K	I	L	M	G	N	B	G	H	W	Q	R	G	J	E	E	G	I	A	U
I	D	K	S	U	E	L	K	K	D	I	X	Q	V	S	R	H	C	F	D
F	M	V	E	C	L	L	H	I	Y	R	N	M	L	W	A	E	Y	C	Z
K	N	X	L	U	I	Z	E	G	O	U	E	G	Q	N	W	C	Y	E	Y
U	Z	S	B	C	X	T	H	G	S	M	O	S	E	F	J	U	D	P	L
V	O	H	Z	M	W	L	U	H	S	L	D	L	S	R	W	J	K	H	T
Y	Q	Y	Q	M	I	P	P	Y	D	V	C	S	S	C	P	A	C	Y	Q
X	L	W	K	J	E	K	G	E	T	J	R	I	E	S	O	A	M	Y	C
M	H	S	B	M	A	I	U	R	F	H	L	R	C	X	C	D	T	Q	Y
J	U	E	P	N	G	U	H	X	U	I	L	O	W	F	M	Q	E	E	G
Z	W	X	Q	Y	Q	K	L	O	B	Z	Q	X	Y	W	A	R	R	T	C
Q	X	H	X	O	G	M	H	J	Q	Y	B	O	S	P	X	K	X	E	X
V	X	W	A	F	H	B	L	C	M	C	T	T	I	Q	G	S	X	L	Z
B	P	Q	O	B	G	X	U	Q	B	F	W	K	L	H	Y	K	E	G	R

```
V W O C U T F L P Z I D W X J C G M E R
P V Z T U P U O Y Y H I C E C O Q S H K
M N K P D M Y C U M L C J S S Z M G I R
T U U J P Z C I M N L D H N B R E L G K
A P Y V G S N U L U U A P T Y A X J B K
Z S V C J G J S B A R V C E O B Q I B C
K A S V S I W E P E N R Q U N E X N Z Y
N E A N C J V H R E S S Y B M W R T Y R
B S Z U U P D P Z I L E L T X P P N U G
H H K F C X R N V A O X B D N C L W F I
D T F X K E H D I S Y P R A O O X A C U
M I X L O T I C E U Z A D M Z V N I Y V
O U W P L J A K B M S R I J K Q C J V P
Y I R X D F R X B O F T D R D J N N U I
N L L C R C E Q C L X N J S I O O T V W
E I I G E B C J H S N E Y R L O H E Q F
T O L V S H O S C Q F R Z J W O D K T Y
Z L Y H S F Y J P Z C Q S L O M B L Q P
P A E A G V F V U O G K M M O V A B G N
R Q E L H X X M Z I E M Q P U V Z H A N
```

BBC
SEXPARTNER
CUCKOLDRESS
CUMCUBES
CUMPLAY
FACIAL

Lösung

```
U G F U X X F E M D O M J V K Q Y G C V
Z N A R E N O T T P C W M G S E T R M H
L I U M U R U F V X G F K H N J Z E M Q
U R J L V F X Q C U D W P V R U W I Y B
X A S B M F E Z Q V N P F D A K H E M H
R H H H W T Z L G W N W B F I W P R U V
A S N M E B D H C J O X T R T L J D V H
B E T U W Y V N R H K I G Y A I D L U O
U F A X C R E A M P I E D J T B E O C D
X I J L L Y M K G G D N X Q K Y K U N K
Q W J Y P L H C Y J X F G O Q Y K B T V
X H F L R E H Z T D W I L L Z A L Z E O
E A A R M Z Z B Z S I F N U Z E B T F T
D D Z K Q S X F O J W B I J Y G F C Z S
E Z P A T Z T J D V Q H T S B F U M Y F
I D M D D A F Z P J N I W W M E N R B W
T E A O L T B H H A O U T O U B V W O G
L Q O S I E H A N D J G A U S L H X T Y
M W J G D Y Z W J K T L W N A H O C A A
D L D K C K R X P K V N K Y S N L P S S
```

CREAMPIE
WIFESHARING
DILDO
DREIER
FELCHING
FEMDOM

Lösung

```
G  I  X  I  K  O  Y  O  O  A  Q  H  B  L  E  W  Y  E  W  E
H  R  U  I  W  L  I  B  E  N  V  Y  G  N  A  Z  A  L  V  F
X  V  P  Q  A  M  G  U  S  Z  B  T  C  W  O  H  N  S  Y  I
V  H  H  X  S  E  U  Z  I  U  P  F  Q  J  N  I  Y  O  F  W
D  H  S  Y  V  A  R  L  G  S  Y  U  N  D  T  D  O  E  I  T
B  S  S  A  V  R  C  F  S  F  Q  K  Z  Q  M  K  G  C  P  O
O  C  G  C  X  Q  J  P  O  F  K  E  H  P  F  W  W  B  Z  H
A  I  T  W  B  W  I  R  O  Y  O  T  R  V  R  Z  G  K  K  N
S  U  T  T  F  T  U  V  H  P  X  A  A  E  R  E  G  Z  N  C
N  F  Z  K  P  V  L  L  R  E  H  R  N  E  K  Q  C  S  J  Z
O  C  H  L  T  X  O  R  S  U  A  F  J  D  A  R  Q  U  N  K
W  J  A  M  Z  F  V  H  T  R  A  E  G  U  N  M  R  E  M  Y
B  Y  W  P  O  O  G  Q  V  N  H  F  Y  K  W  X  R  C  Q  A
A  V  L  S  K  U  I  X  W  R  G  E  Y  R  L  U  D  E  P  T
L  S  C  M  O  F  K  M  A  B  G  T  J  N  J  G  O  J  P  E
L  O  R  R  M  B  H  T  X  B  A  M  I  X  F  H  C  W  Y  S
I  G  U  K  C  E  H  E  E  Q  B  I  J  S  G  T  E  H  P  E
N  A  I  S  H  G  D  O  W  C  Z  Z  I  T  Q  X  E  L  I  U
G  N  K  J  J  A  M  R  L  V  Z  E  H  C  G  G  K  A  M  Y
O  B  T  U  W  M  H  J  O  R  M  Y  D  X  O  H  I  R  E  V
```

HOTWIFE
SNOWBALLING
SPERMA
PRECUM
SPITPLAY
ROUGHSEX

Lösung

```
G  I  X  I  K  O  Y  O  O  A  Q  H  B  L  E  W  Y  E  W  E
H  R  U  I  W  L  I  B  E  N  V  Y  G  N  A  Z  A  L  V  F
X  V  P  Q  A  M  G  U  S  Z  B  T  C  W  O  H  N  S  Y  I
V  H  H  X  S  E  U  Z  I  U  P  F  Q  J  N  I  Y  O  F  W
D  H  S  Y  V  A  R  L  G  S  Y  U  N  D  T  D  O  E  I  T
B  S  S  A  V  R  C  F  S  F  Q  K  Z  Q  M  K  G  C  P  O
O  C  G  C  X  Q  J  P  O  F  K  E  H  P  F  W  W  B  Z  H
A  I  T  W  B  W  I  R  O  Y  O  T  R  V  R  Z  G  K  K  N
S  U  T  T  F  T  U  V  H  P  X  A  A  E  R  E  G  Z  N  C
N  F  Z  K  P  V  L  L  R  E  H  R  N  E  K  Q  C  S  J  Z
O  C  H  L  T  X  O  R  S  U  A  F  J  D  A  R  Q  U  N  K
W  J  A  M  Z  F  V  H  T  R  A  E  G  U  N  M  R  E  M  Y
B  Y  W  P  O  O  G  Q  V  N  H  F  Y  K  W  X  R  C  Q  A
A  V  L  S  K  U  I  X  W  R  G  E  Y  R  L  U  D  E  P  T
L  S  C  M  O  F  K  M  A  B  G  T  J  N  J  G  O  J  P  E
L  O  R  R  M  B  H  T  X  B  A  M  I  X  F  H  C  W  Y  S
I  G  U  K  C  E  H  E  E  Q  B  I  J  S  G  T  E  H  P  E
N  A  I  S  H  G  D  O  W  C  Z  Z  I  T  Q  X  E  L  I  U
G  N  K  J  J  A  M  R  L  V  Z  E  H  C  G  G  K  A  M  Y
O  B  T  U  W  M  H  J  O  R  M  Y  D  X  O  H  I  R  E  V
```

```
Z G A X B C Q F H K C M I G K D J S E F
A Q C N Y C D V I E G J W K A N O M Y F
E K J F M L H L A S I V S I O C Y S F D
A V H K O T G O E Q W E B J R D B V D X
J J T T B O H T K B A G T L C I P D B K
O Y T S K C T S U I E F G A F A Z R T L
G D S C T K U J U H N N W Z L Y O F Q N
Y G X B G G X X O V X G K H W S R B D V
T N X W O Q V B C B F V T E I H G X N K
C I S B X R B U P E U T D R P D A I S Q
L K K Q C O Z Y Q O B I E Q R V S M B E
G C G T Y N J D Z D V Z O E I O M P S W
O U G Q Z M E Q I C Q B Z Z V N D H B N
A F F J X R M Z S F K G K M T S E U I I
H E F L J T Y G F E M W L B J N N O M H
M C Y V O V Z G N I K R O B C O I H G R
N A A L E M Y V E C U C K O L D A B B Z
D F K A D F X Q Q S D G T Q P O L B F Y
J E Y U G L K O K P U E Q W R B M J W J
B M S H I A T A P D I Z Y O B B L G Y P
```

FACEFUCKING
CHOKING
ORGASMDENIAL
CUCKOLD
FOOTJOB
KNEBEL

Lösung

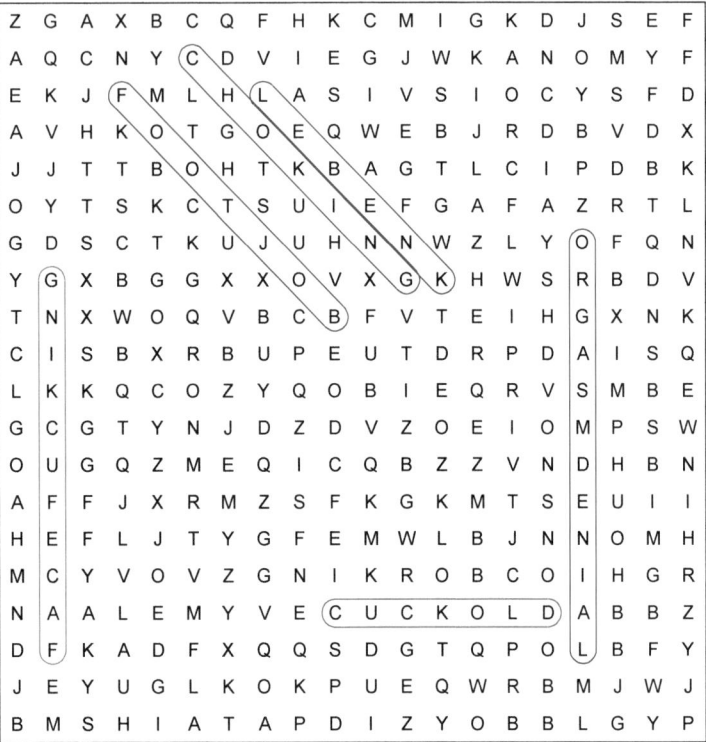

```
H I A L Z N B E U Y G A H B P G Y X O T
Z E N B Z L A E S C C W O E I P P N U F
V U D X E W L G A T H H D S L H H B V K
B F F U M A C D P Z T Z P O L H W Y D K
J Q V H C T E M P E R A T U R S P I E L
D T C K S P A N K I N G J I D I S A R I
V C N P L B X M Z Z O I E K P F T J W B
F I M P C V X H H H M P R B B Y Q Z S U
K M Y B H M D U H U C D Q K H B Z H M X
J K W S Z N J I A U R K E I D L B B N C
G C Y E U T W V J A A A H C H E A Y N A
B V F O D W H R X I X B F J V D J L N N
H A W A C H S Y W O X X K M W E G A E J
A W N M Q B T F B T R B A Y S R J X X S
P X S R S J T R N L V M F H H D A B W Z
K Y Y E I S W U E R F E L N Q Y A O K A
J X J S F J O G T F S Y L K D B O M F F
C P U F K W X B A T N H F Z F I H B E D
U H R Q F S R J J B U W X T D O H E A H
Q C Y L F Q U K X Q G N X M Z A C D G V
```

LACK
LEDER
SPANKING
WACHS
EISWUERFEL
TEMPERATURSPIEL

Lösung

H	I	A	L	Z	N	B	E	U	Y	G	A	H	B	P	G	Y	X	O	T
Z	E	N	B	Z	L	A	E	S	C	C	W	O	E	I	P	P	N	U	F
V	U	D	X	E	W	L	G	A	T	H	H	D	S	L	H	H	B	V	K
B	F	F	U	M	A	C	D	P	Z	T	Z	P	O	L	H	W	Y	D	K
J	Q	V	H	C	T	E	M	P	E	R	A	T	U	R	S	P	I	E	L
D	T	C	K	S	P	A	N	K	I	N	G	J	I	D	I	S	A	R	I
V	C	N	P	L	B	X	M	Z	Z	O	I	E	K	P	F	T	J	W	B
F	I	M	P	C	V	X	H	H	H	M	P	R	B	B	Y	Q	Z	S	U
K	M	Y	B	H	M	D	U	H	U	C	D	Q	K	H	B	Z	H	M	X
J	K	W	S	Z	N	J	I	A	U	R	K	E	I	D	L	B	B	N	C
G	C	Y	E	U	T	W	V	J	A	A	A	H	C	H	E	A	Y	N	A
B	V	F	O	D	W	H	R	X	I	X	B	F	J	V	D	J	L	N	N
H	A	W	A	C	H	S	Y	W	O	X	X	K	M	W	E	G	A	E	J
A	W	N	M	Q	B	T	F	B	T	R	B	A	Y	S	R	J	X	X	S
P	X	S	R	S	J	T	R	N	L	V	M	F	H	H	D	A	B	W	Z
K	Y	Y	E	I	S	W	U	E	R	F	E	L	N	Q	Y	A	O	K	A
J	X	J	S	F	J	O	G	T	F	S	Y	L	K	D	B	O	M	F	F
C	P	U	F	K	W	X	B	A	T	N	H	F	Z	F	I	H	B	E	D
U	H	R	Q	F	S	R	J	J	B	U	W	X	T	D	O	H	E	A	H
Q	C	Y	L	F	Q	U	K	X	Q	G	N	X	M	Z	A	C	D	G	V

```
D O Q O V I E J D E S S M T V T Q O Y U
F E O C H H Y D A J S H T Z H E C J A I
S V P E S I Q H O S S Z E J G C S Q Q X
H O G S M T F L V H E R F K J T W C V V
S G E M R N B O I T A L L E F P F B X S
G Q B I L M O F T O X Y P P K E H L E I
A C G A N G B A N G A N N H S U Q D P W
J C L W V V F J B O J F A A T L S E J C
K U B Q B T O R E X L C I P B V U U Y K
Z G M V Q R Z T C U K Z A C D C K Y O T
P N R W G L S N K H B U N B M C G U R G
U U P Z P U F O J Y R V Q J V M D T Q M
M L N Z R D N X Y R B Y R I N I U V T U
E L Q T D I R T Y T A L K U J O G G X L
P E I I P X T X A K K K I X N N F L G G
A T T O G Q M Y N G X N M O P L N N B Y
V S D C N Z U E R K S A E R D N A C G M
O Y C U D E U Q N C Z W B K J Q V G J H
E G S J X G Y B G E L G A E D A E R P S
S J B C N A R U I R J S H U R G L Q V B
```

YSTELLUNG
SPREADEAGLE
ANDREASKREUZ
DIRTYTALK
FELLATIO
GANGBANG

Lösung

```
D O Q O V I E J D E S S M T V T Q O Y U
F E O C H H Y D A J S H T Z H E C J A I
S V P E S I Q H O S S Z E J G C S Q Q X
H O G S M T F L V H E R F K J T W C V V
S G E M R N B O I T A L L E F P F B X S
G Q B I L M O F T O X Y P P K E H L E I
A C G A N G B A N G A N N H S U Q D P W
J C L W V V F J B O J F A A T L S E J C
K U B Q B T O R E X L C I P B V U U Y K
Z G M V Q R Z T C U K Z A C D C K Y O T
P N R W G L S N K H B U N B M C G U R G
U U P Z P U F O J Y R V Q J V M D T Q M
M L N Z R D N X Y R B Y R I N I U V T U
E L Q T D I R T Y T A L K U J O G G X L
P E I I P X T X A K K K I X N N F L G G
A T T O G Q M Y N G X N M O P L N N B Y
V S D C N Z U E R K S A E R D N A C G M
O Y C U D E U Q N C Z W B K J Q V G J H
E G S J X G Y B G E L G A E D A E R P S
S J B C N A R U I R J S H U R G L Q V B
```

V	D	U	B	A	T	T	E	I	Z	U	S	N	Z	F	K	J	P	Z	B
R	B	Z	J	J	Z	U	M	O	T	A	K	Z	K	C	V	N	W	C	H
K	K	Y	L	I	E	I	Z	L	H	U	T	S	N	Y	G	X	P	O	H
Z	B	G	B	Z	V	D	K	Z	C	G	D	D	Y	W	K	Q	V	O	K
I	R	T	D	T	Z	Y	T	H	L	P	H	K	X	J	Z	M	N	V	P
E	B	H	X	X	E	W	N	W	Y	H	H	V	P	Q	E	R	D	N	W
N	L	E	G	U	K	S	E	B	E	I	L	S	A	L	W	J	V	I	H
M	I	B	F	C	J	H	E	I	X	W	B	S	E	Y	K	N	I	E	B
W	I	F	E	S	H	A	R	I	N	G	O	I	Y	P	C	Z	H	F	P
D	A	L	R	G	R	A	M	S	K	N	P	M	H	I	Y	A	M	X	Q
N	M	B	R	Q	R	H	A	N	D	S	C	H	E	L	L	E	N	I	B
G	Y	I	B	P	Q	Z	R	M	N	Q	V	V	Q	B	J	E	M	Z	O
F	E	Q	Z	N	M	V	K	E	K	O	R	R	H	K	Y	D	D	U	P
W	F	A	S	A	A	V	L	I	A	B	F	D	S	B	C	K	W	J	Y
P	F	U	K	W	A	L	O	S	F	L	I	I	P	V	X	A	A	F	W
V	Q	E	E	F	O	C	X	G	L	Y	I	N	D	F	Y	G	T	Q	S
I	P	G	M	R	K	U	A	M	X	B	K	X	P	G	B	H	W	P	O
S	V	I	P	E	I	U	J	M	N	F	T	K	S	Q	T	V	T	Z	A
O	N	A	Y	J	V	E	C	G	A	Q	G	Y	F	G	C	V	F	A	N
J	C	G	O	T	J	A	M	L	M	H	L	Y	L	U	O	X	V	U	H

GYNSTUHL

HANDSCHELLEN

LIEBESKUGELN

ROLLENSPIELE

TABU

WIFESHARING

Lösung

V	D	U	B	A	T	T	E	I	Z	U	S	N	Z	F	K	J	P	Z	B
R	B	Z	J	J	Z	U	M	O	T	A	K	Z	K	C	V	N	W	C	H
K	K	Y	L	I	E	I	Z	L	H	U	T	S	N	Y	G	X	P	O	H
Z	B	G	B	Z	V	D	K	Z	C	G	D	D	Y	W	K	Q	V	O	K
I	R	T	D	T	Z	Y	T	H	L	P	H	K	X	J	Z	M	N	V	P
E	B	H	X	X	E	W	N	W	Y	H	H	V	P	Q	E	R	D	N	W
N	L	E	G	U	K	S	E	B	E	I	L	S	A	L	W	J	V	I	H
M	I	B	F	C	J	H	E	I	X	W	B	S	E	Y	K	N	I	E	B
W	I	F	E	S	H	A	R	I	N	G	O	I	Y	P	C	Z	H	F	P
D	A	L	R	G	R	A	M	S	K	N	P	M	H	I	Y	A	M	X	Q
N	M	B	R	Q	R	H	A	N	D	S	C	H	E	L	L	E	N	I	B
G	Y	I	B	P	Q	Z	R	M	N	Q	V	V	Q	B	J	E	M	Z	O
F	E	Q	Z	N	M	V	K	E	K	O	R	R	H	K	Y	D	D	U	P
W	F	A	S	A	A	V	L	I	A	B	F	D	S	B	C	K	W	J	Y
P	F	U	K	W	A	L	O	S	F	L	I	I	P	V	X	A	A	F	W
V	Q	E	E	F	O	C	X	G	L	Y	I	N	D	F	Y	G	T	Q	S
I	P	G	M	R	K	U	A	M	X	B	K	X	P	G	B	H	W	P	O
S	V	I	P	E	I	U	J	M	N	F	T	K	S	Q	T	V	T	Z	A
O	N	A	Y	J	V	E	C	G	A	Q	G	Y	F	G	C	V	F	A	N
J	C	G	O	T	J	A	M	L	M	H	L	Y	L	U	O	X	V	U	H

Weitere Titel von Anna Lana

BSDM
WORTSUCHRÄTSEL
BUCH
für Erotik Fans

F*CK*N
WORTSUCHRÄTSEL
BUCH
für Erotik Fans

Penis
WORTSUCHRÄTSEL
BUCH
für Erotik Fans

Masturbation
WORTSUCHRÄTSEL
BUCH
für Erotik Fans

Kamasutra
WORTSUCHRÄTSEL
BUCH
für Erotik Fans

Swinger
WORTSUCHRÄTSEL
BUCH
für Erotik Fans

Vagina
WORTSUCHRÄTSEL
BUCH
für Erotik Fans